QUESTION
NOUVELLE
Sur le Procès de LOUIS XVI.

S'IL est permis de preſſentir quel parti la convention nationale prendra ſur le jugement de Louis XVI, on peut, ſans doute, ſuppoſer avec quelque vraiſemblance, qu'au moins le dernier réſultat ſera renvoyé à la déciſion des aſſemblées primaires.

C'eſt une grande occaſion de rendre hommage au principe inconteſtable de la ſouveraineté nationale. Pénétré de la vérité de ce principe, convaincu de la force des raiſons qui concourent à en déterminer l'application à la circonſtance actuelle, je n'examinerai point ſi la convention peut & doit prononcer définitivement ſur le ſort de Louis XVI, ſans ſoumettre ſon jugement à la ratification du peuple entier.

Mais quelles queſtions ſoumettra-t-on à la

A

décifion des affemblées primaires? Dans tout procès criminel, les jurés ont plufieurs points à examiner; ils déclarent, 1°. s'il y a délit; 2°. fi l'accufé eft convaincu d'en être l'auteur; c'eft au juge à prononcer la peine que mérite l'individu reconnu coupable du délit déclaré conftant.

La convention nationale remplit - elle les fonctions de jurés, remplit-elle les fonctions de juges ? Exerce-t-elle à la fois ce double miniftere ? J'abandonne une foule de réflexions que je pourrois faire à cet égard : je les abandonne, parce que je reconnois que l'intérêt de la nation & celui même de l'accufé, exigent dans l'état des chofes, que ce grand procès foit inftruit & jugé, & j'avoue qu'il n'eft pas poffible qu'on y adapte toutes les formes prefcrites dans l'inftitution du jugement par jurés.

Quoi qu'il en foit, font ce les queftions de fait que l'on renverra aux affemblées primaires? Ou, en déclarant Louis coupable, la convention laiffera-t-elle au peuple à prononcer la peine? Ou enfin, la convention croira-t-elle devoir prononcer quel eft le délit dont Louis eft coupable, & quelle peine il mérite, en ne renvoyant fon jugement à la nation, que pour l'infirmer ou le ratifier, pour en ordonner l'exécution ou pour faire grace ?

Il me paroît difficile de renvoyer aux affem-

blées primaires, l'examen des questions de fait ;
les raisons en sont sensibles, & ont été déve-
loppées dans plusieurs opinions prononcées à la
tribune de la convention nationale.

Mais après la décision des questions de fait
que nécessitent l'examen approfondi, & le rap-
prochement d'une foule de pieces, lorsqu'après
cet examen, la convention auroit déclaré qu'il
y a délit, & que Louis XVI est atteint & convaincu du délit, plusieurs motifs me paroîtroient
devoir engager à renvoyer aux assemblées primaires la question de savoir quelle peine doit être
prononcée contre le coupable. Je ne citerai que
deux des principales raisons qui doivent déterminer à renvoyer cette décision au peuple entier.

La premiere c'est que, comme plusieurs ora-
teurs l'ont observé, l'inviolabilité avoit été pro-
mise à Louis XVI par la constitution de 1791,
que la nation sembloit au moins avoir alors accep-
tée, & qu'il n'appartient qu'à la nation entiere de désavouer une promesse faite pour elle,
de rompre un engagement contracté en son
nom.

La seconde raison, pour laisser au peuple entier à prononcer lui-même sur la peine qui de-
vroit être infligée à Louis XVI lorsqu'il auroit

A 2

été déclaré coupable, c'est qu'il n'y a nulle loi positive préexistante à appliquer à l'espece. Or, nul pouvoir délégué ne peut appliquer, même à un coupable, une peine dont ce coupable n'avoit pas été menacé par une loi antérieure à son délit. Il faut, pour cela, la souveraineté nationale, & il est peut-être permis de douter que, même, la souveraineté nationale puisse méconnoître des maximes qui sont incontestablement rangées parmi les droits sacrés de l'homme.

Mais n'y auroit-il donc pas une autre question à soumettre aux assemblées primaires, & qui auroit dû être discutée dans la convention nationale ? Se borne-t-on à demander aux jurés si un délit est constant, si le prévenu en est l'auteur ? La sublime & bienfaisante institution du juré s'arrête-t-elle à scruter des faits, qui lors même qu'ils sont des délits & des crimes, ne suffisent pas toujours pour supposer que leurs auteurs soient des criminels ? La philosophie, l'humanité, n'ont-elles pas été d'accord pour introduire dans notre procédure criminelle un examen important, celui de l'intention de l'accusé reconnu auteur du délit, celui des circonstances qui peuvent atténuer, excuser, & quelquefois légitimer ce qu'il a fait ? En un mot, les jurés ne doivent-ils pas déclarer si l'individu qu'ils reconnoissent *coupable*, est ou n'est

pas *excusable* : « Mesure juste & salutaire qui
» fait concourir l'équité avec la justice , pré-
» caution nécessaire dans toute législation qui ne
» veut pas être inhumaine. » (Instruction sur la
» procédure criminelle.)

Or , voilà une question qui auroit dû être
discutée à la convention nationale pour être en-
suite soumise aux assemblées primaires ; car
pour moi , qui suis persuadé , dans le for de
ma conscience, qu'il y a délit au procès dont
il s'agit , & que Louis XVI est coupable de ce
délit , je ne suis pas moins profondément convaincu que Louis XVI est EXCUSABLE.

Je le crois *excusable*, d'abord, parce que je ne
puis douter qu'il n'ait été trompé ,égaré : la nature,
l'amitié , la religion, tout ce qui peut séduire le
cœur, émouvoir l'ame, fasciner l'esprit , sembloit
conjuré pour entraîner dans de fausses mesures un
homme, dont le caractere est foible, dont l'esprit a
reçu de la nature le degré de capacité nécessaire
pour sentir ce dont une mauvaise éducation l'a pri-
vé, & qui, par conséquent, ne fait que se défier
de lui-même, & se trouve presque nécessité de
se livrer aux conseils d'autrui.

Eh! qui ne sait combien dans tous les tems,
il a été difficile, pour ne pas dire impossible, aux

rois de connoître la vérité, de diftinguer les
confeils perfides ou dangereux des flatteurs de ceux
des véritables amis du bien public, fi rares dans les
cours ? Qui ne fait que le trifte fort des rois a
toujours été d'être trompés (1) ?

Qu'un homme intrigant & audacieux égare
la multitude, qu'il la porte à des excès criminels ;
que doit faire, qu'a toujours fait, que fait tous
les jours la juftice ? On fe faifit du chef, on
le punit, on excufe ceux qu'il avoit féduits & en-
traînés. On a raifon ; ce chef eft feul *coupable*,
ou du moins la multitude qui s'eft rendue l'inftru-
ment de fes crimes, eft réellement *excufable.*

Dans la cour des rois, c'eft en fens contraire,
un réfultat à-peu-près femblable. Là, c'eft une
foule d'intrigans, qui, par mille rufes, par mille
impoftures, par mille & mille refforts fecrets,
travaillent à tromper & égarer un feul homme.
Si la multitude eft fouvent trop *excufable* de
s'être laiffée entraîner par un factieux, un roi ne
l'eft-il pas de s'être laiffé féduire par tout ce qui
l'entoure ?

____

(1) Cette vérité a toujours été reconnue toutes les fois
qu'elle a été préfentée comme un argument contre la royauté.
Cefferoit-elle de paroître une vérité, lorfqu'elle peut fervir
d'excufe à un homme qui fut roi, qui étoit né fur les
marches du trône où il a monté fi jeune ?

Mais une confidération plus décifive rend Louis XVI *excufable* à mes yeux : c'eft qu'il m'a toujours paru évidemment provoqué. Or, la provocation a toujours été reconnue comme un motif *d'excufe* pour un coupable.

Ici j'interpelle tous ceux qui ont été à portée de voir, comment fe font fuccédées les diverfes crifes de la révolution depuis 1789.

Les idées républicaines exiftoient fans doute en France avant 1789 ; mais elles n'avoient germées que dans un trop petit nombre d'efprits, pour fe manifefter à la premiere époque de la révolution. Auffi ce fut d'une voix unanime, que l'affemblée conftituante, dans les plus beaux jours de fa force & de fa gloire, dans un tems où on ne prétend pas qu'elle fût corrompue & fans vigueur, déclara que le gouvernement françois étoit monarchique ; que la monarchie étoit héréditaire ; que la perfonne du monarque étoit inviolable & facrée, &c. &c. &c.

Cette bafe une fois pofée, les efprits républicains tournerent toutes leurs vues, apporterent toute leur attention à limiter, à reftreindre l'autorité qu'on confieroit au roi, dont déjà peut-être ils méditoient la ruine. Ils furent admirablement fecondés, il faut en convenir, par les réfiftances qu'oppoferent aux propofitions les plus fages, aux plans les plus modérés, la cour & les ariftocraties combinées de la nobleſſe, du clergé, des cours fouveraines, des financiers, &c.

Auffi mal-adroits dans leurs moyens, qu'inconféquens dans leurs principes, & injuftes dans leurs vues, la cour & les ariftocrates de tout genre embarrafferent, fans pouvoir jamais l'arrêter, le cours de la révolution. Qu'arriva-t-il? les efprits s'échaufferent de plus en plus, les imaginations s'enflammerent, les humeurs s'aigrirent, les méfiances augmenterent, les haines s'exhalterent de toutes parts.

Combien il fut facile à ceux qui vouloient préparer la chûte de l'autorité royale, de travailler à l'affoiblir! On la rendoit, elle fe rendoit elle-même de jour en jour plus fufpecte & plus odieufe. Auffi les attaques du parti qui vouloit l'atténuer fe multiplioient, & fi ces attaques n'étoient pas toujours, elles étoient fouvent fuivies du fuccès dans l'affemblée conftituante (1).

---

(1) C'eft une remarque finguliere, que l'affemblée conftituante n'a été accufée de foibleffe & de corruption par les ardens républicains, que dans les derniers tems de fon exiftence, & que cependant, tous les décrets qui ont excité le zele & échauffé la bile de ces républicains, tel que

Ce fut, fur-tout en 1791, que Louis XVI put reconnoître que les pertes de la prérogative que devoit lui affurer la conftitution, alloient toujours en croiffant. Sans doute, on l'alarma; fans doute, on lui fit entendre que l'affemblée conftituante lui laifferoit à peine une ombre de cette roy auté décrétée en 1789. Il prit le funefte parti du trop fameux voyage de Varennes, démarche inconfidérée & fatale, principale caufe de fa perte.

Ce fut une belle occafion pour le parti républicain de fe montrer à découvert; il en profita, ce fut cependant avec peu de fuccès; la conftitution s'acheva fur les bafes monarchiques : elle fut préfentée à Louis XVI, qui l'accepta. La France entiere parut un moment l'accepter auffi. Le républicanifme fe tut dans ce trop court intervalle.

---

le *veto*, l'inviolabilité, &c. datent des premiers tems de cette affemblée conftituante. On eft parvenu à perfuader, que lors de la révifion, il a été donné de l'extenfion à la prérogative royale. Je défie hardiment d'indiquer un feul point pour juftifier cette calomnie. Comment donc s'eft-elle accréditée ? Un petit nombre d'hommes méchans l'ont répandue avec impudence, beaucoup de fots l'ont répétée fans examen : les honnêtes gens qui font trop fouvent de bonnes gens, ont fini par fe laiffer entraîner.

Mais fous combien de formes ne fe hâta-t-il pas de reparoître ? Je ne retracerai point ici tout ce qu'il produifit dans Paris, dans les départemens, dans cette fociété célèbre qui, établie dans la capitale, correfpond dans toutes les villes du territoire françois. Je ne rappellerai pas comment l'efprit républicain fe manifefta tout d'abord dans la conduite du corps légiflatif, dès la premiere féance fur l'objet, & le plus minutieux efprit qu'on retrouve fans cefle dans tous fes décrets, dans toutes fes démarches, dans l'accueil favorable qu'il faifoit aux pétitions les plus anticonftitutionnelles, & jufque dans le morne filence avec lequel il écoutoit celles où l'on invoquoit les principes de la conftitution, celles où l'on en réclamoit le maintien, l'affermiffement & l'exécution.

Tous ces détails exigeroient trop d'étendue ; mais en réfultat, je dirai que moins de fix femaines après la publication folemnelle de la conftitution, on put reconnoître que la France fe trouvoit divifée en trois claffes principales ; j'ofe croire que la grande, la très-grande majorité vouloit la conftitution : deux partis oppofés vouloient tous deux la détruire, l'un pour y fubftituer un gouvernement plus ariftocratique, plus royalifte ; l'autre pour y fubftituer un gouvernement plus démocratique, plus républicain.

Mais, cette grande , cette immenfe majorité, qui vouloit la conftitution , étoit inerte & paffive , compofée en grande partie , il faut l'avouer , de gens qui s'y feroient attachés , afin d'y trouver le terme aux agitations ; il ne falloit pas s'attendre qu'ils facrifiaffent à fon maintien , le repos qu'ils avoient cru trouver en l'adoptant (1).

Dans les deux minorités au contraire fe trou-voient tous les efprits inquiets & ardens , tous les gens doués de caracteres énergiques , d'ima-ginations vives & de paffions fortes. Auffi quelle activité des deux parts ! que de mouvemens ! que d'intrigues fecretes ! que d'attaques ouvertes! au milieu de ces agitations , qui fembloient multi-plier les êtres qui s'agitoient , il falloit peut-être un œil obfervateur , & fe trouver placé d'une ma-niere propre aux obfervations , pour reconnoître qu'entre les deux partis oppofés , la majorité des François vouloit la conftitution. C'eft ainfi que lorfque des vents contraires agitent la furface d'un

---

(1) C'eft une trifte , mais trop inconteftable vérité , que la plupart des honnêtes gens doivent leur honnêteté , leur bonté , leur modération , piefque toutes leurs qualités à l'abfence des paffions , & les paffions font les feuls mo-teurs des actions humaines. Voilà pourquoi , dans les tems de révolution le parti des honnêtes gens eft un parti NUL,

fleuve, lorsqu'une partie des vagues va se brifer contre l'une & l'autre rive , & qu'une partie reflue du côté de la fource, un homme fans réflexion & fans expérience , pourroit ne pas croire que la maffe des eaux roule tranquillement d'un cours égal & conftant.

Dans cette pofition des chofes, je ne balance point à dire que Louis XVI a été *excufable*, s'il a douté que la nation françoife voulût s'attacher à la conftitution (1). Il a été coupable fans doute , mais *excufable*, s'il a cru pouvoir fe difpenfer de fuivre une règle qui fembloit rejettée par la nation elle-même. Lorfque fes adverfaires fe permettoient TOUT pour renverfer & la conftitution & la mo-

____

(1) Paris , fur-tout , ce centre de tous les mouvemens , ce foyer de toutes les intrigues , ne paroiffoit divifé qu'en ariftocrates & en démocrates , qui s'accordoient tous à dire que la conftitution ne pouvoit marcher. Lorfque quelqu'un parloit pour le maintien de la conftitution , démocrates comme ariftocrates hauffoient les épaules ; s'il rappelloit les fermens de maintenir cette conftitution , démocrates comme ariftocrates lui rioient au nez. C'eft dans les départemens que les vrais amis de la conftitution étoient nombreux ; mais Louis XVI a été forcé de l'ignorer ; car on dénonçoit fes miniftres lorfqu'ils demandoient des renfeignemens fur l'opinion publique ; on dénonçoit les corps adminiftratifs qui entretenoient des relations avec eux.

narchie ; Louis XVI a été coupable , mais *excu-sable* de TOUT tenter pour sauver la monarchie des débris de la constitution.

Louis XVI feroit sans excuse si le parti de l'opposition qui s'éleva immédiatement après la proclamation de la constitution , n'avoit eu pour objet que de contenir l'autorité royale dans les bornes qui lui avoient été assignées. Mais ce parti ne vouloit pas seulement s'opposer à la naissance des abus , il empêchoit tout exercice du pouvoir exécutif; il ne s'annonçoit pas comme ayant seulement l'intention d'obvier aux extensions de la prérogative royale , il ne dissimuloit pas qu'il se proposoit de la resserrer, de l'affoiblir, d'anéantir la royauté. Combattre par toutes sortes de voies un tel parti, n'a-t-il pas pu être regardé par Louis XVI comme une défense nécessaire, & par consé-quent légitime , comme une résistance à l'op-pression ?

Louis XVI n'a pas pu ignorer l'existence de ce comité secret d'insurrection authentiquement avoué aujourd'hui. Son origine a précédé non-seulement les délits imputés à Louis XVI depuis son accep-tation de la constitution; mais la révision même de la constitution. Ah ! si tous les papiers de ce comité étoient livrés au public comme ceux qui ont été trouvés aux Tuileries, quelles lumieres ils jetteroient fur la difcuffion qui occupe la France en ce moment!

Mais ce qui fut toujours évident, c'eft que ce comité fecret d'infurrection préparoit la perte du roi, la ruine de la royauté; c'eft que ce comité avoit pour principaux inftrumens la fociété des Jacobins & les fociétés affiliées; c'eft que ce comité influençoit prodigieufement le corps légiflatif (1); c'eft que ce comité envoyoit de toutes parts fes inftructions, & préparoit à Paris toutes ces pétitions, toutes ces réclamations, qui toujours arrivoient au corps légiflatif au moment où la lecture pouvoit être favorable aux vues du parti qui dirigeoit tout.

Parlerai-je des écrits, des pamphléts, des affi-ches, où non-feulement la royauté étoit avilie & outragée, mais où la perfonne même de Louis XVI étoit infultée & menacée. Ces écrits n'étoient-ils pas hautement colportés jufques dans les veftibu-les & fous les fenêtres du château des Tuileries? Ainfi, Louis XVI a vu méconnoître l'autorité conftitutionnelle qui lui étoit confiée. Il a vu former & fe fuivre le plan de détruire la conftitution & la monarchie, & de l'écrafer lui-même fous les débris du trône. Il a vu menacer fa perfonne &

____

(1) Plus d'un membre du corps légiflatif ne s'eft-il fait gloire qu'il eût voulu affaffiner Louis XVI?

ſes jours, ceux de toute ſa famille. Quelle plus violente provocation a jamais rendu *excuſable* l'auteur d'un délit!

Je veux croire que les vues les plus pures aniᵐmoient ceux qui ont conduit tout le plan qui a enfin érigé la France en République. Je veux croire que c'eſt à regret qu'ils ont employé des moyens *de tout genre* pour parvenir à leur but. Je ſçais que les révolutions les plus juſtes exigent néceſſairement l'emploi de reſſources, qui, conſidérées en elles-mêmes, ne ſeroient pas avouées par l'honneur & la probité, ſi la fin qu'on ſe propoſe ne les légitimoit pas.

Si l'expérience juſtifie le ſyſtême des fondateurs de notre République, ſi la France proſpere ſous ce nouveau gouvernement, je ſerai des premiers à me féliciter du ſuccès; & détournant les yeux du chemin par lequel on nous a conduit au temple de la Liberté, je ſerai digne d'être compté parmi ſes plus zélés adorateurs.

Mais pour nous amener à ce but, pour préparer la chûte d'un trône, objet trop réel d'ombrage pour d'ardens amis de la liberté & de l'égalité, n'a-t-il pas fallu que les chefs de l'entrepriſe s'expoſſaſſent à la plupart des reproches qu'on fait à Louis XVI? N'a-t-il pas fallu qu'il juraſſent, & plus d'une fois, fidélité à cette conſtitution qu'ils travailloient à renverſer pour ſubſtituer un gouvernement qu'ils regardoient comme plus parfait? N'a-t-il pas fallu qu'ils armaſſent les citoyens contre les citoyens? N'a-t-il pas fallu qu'ils couruſſent le riſque de faire répandre le ſang françois par des mains françoiſes ? (1)

Ils ſe font gloire de tout cela, & nous diſent avec confiance : » La conſtitution alloit périr ſans » les efforts de l'ariſtocratie & du deſpotiſme. » Nous avons conjuré la perte du deſpote, des ariſ- » tocrates, des vils eſclaves qui s'étoient attachés » à leur char. Nous avons éclairé les eſprits, » échauffé tous les cœurs : Nous avons provoqué » un choc terrible, mais néceſſaire. L'orage a » éclaté : Nous avons guidé le vaiſſeau pendant la » tempête : Nous l'avons pouſſé vers le ſeul port » qui nous préſentoit le gouvernement républi- » cain. Nous avons sauvé la Patrie. »

Encore une fois je ne prétends point porter at- teinte à la gloire des fondateurs de la République. Mais que les motifs par leſquels ils ennobliſſent le ſuccès de leur entrepriſe, ſervent, ſinon de juſti-

______

(1) Il n'eſt pas un délit reproché à Louis XVI qu'on ne pourroit retorquer au corps légiſlatif collectivement, & ſpé- cialement aux principaux membres du parti de l'oppoſition, à Pétion par exemple.

fication, du moins d'excufe à Louis XVI, qui a fuccombé dans la fienne. Ne peut-il pas dire » je » voyois la conftitution prête à périr fous les ef- » forts des républicains, & fous ceux plus dan- » gereux des factieux & des anarchiftes. Je croyois » qu'un grand état ne pouvoit être gouverné en » république. J'ai cru l'intérêt de l'état lié à la » confervation de mon trône. *J'ai tout tenté pour* » *fauver la monarchie* «.

Et je le demande à tout lecteur de bonne foi, a-t-il dû être bien difficile de perfuader à Louis XVI qu'un grand état ne pouvoit être gouverné que par un monarque, lorfque cet avis, que lui dictoient fon intérêt & fes préjugés, fe trouvoit être celui des plus fameux publiciftes, connus juf-qu'à nos jours ? lorfque cette maxime avoit été profeffée par les Mably & les J. J. Rouffeau ?

A-t-il dû être bien difficile de perfuader à Louis XVI qu'il falloit, fi les moyens conftitu-tionnels ne fuffifoient pas, employer toutes fortes de reffources pour anéantir le parti de l'oppofition ; que le falut de l'état l'exigeoit ; que l'objet de ce parti étoit de livrer la France entiere aux factions & à l'anarchie ? Les vrais républicains, les vérita-bles amis de la liberté, n'étoient-ils pas encore réunis, confondus, faifant caufe commune avec les anarchiftes, les factieux, les amis de la licence, qui leur caufent aujourd'hui tant d'embarras ? (1)

Je fuis porté à croire que fi Louis XVI fe fut fincérement & invariablement attaché à la conftitution, il eut fauvé fa perfonne, fon trône & la conftitution. Par une marche franche & loyale dans le fentier conftitutionnel, il eut, je le crois, déjoué la plupart de ceux qui ne tendoient à la république que par efprit d'intrigues; il eut calmé ceux qui avoient été pouffés dans ce fyftême par une trop jufte haine contre les abus de la royauté; il eut fait héfiter ceux qui, dans un changement de gouvernement, ne cherchoient que le bien public; il eut, en un mot, rallié à lui & à la conftitution, un grand nombre d'efprits fages & bien intentionnés.

Mais j'avoue que je ne puis dire avoir l'intime perfuafion, qu'avec le plus fcrupuleux attachement à la conftitution, Louis XVI fe fût fouftrait aux dangers qui menaçoient fa perfonne & le trône (2).

---

(1) Cette étrange alliance qui n'a durée que trop long-tems, n'excuferoit-elle pas encore ceux, aux yeux de qui tout républicain continue de paroître un factieux, & qui, ayant trouvé fi fouvent réunis les noms du *vertueux Pétion*, & de l'*incorruptible Roberfpierre*, ont quelque peine à croire encore qu'il y ait beaucoup de diftinction à faire ent'reux.

(2) Le département de Paris, à qui on n'a pu repro-

J'ai trop entrevu la marche de ceux qui vouloient anéantir la royauté, pour croire qu'il eût été facile à Louis XVI d'éviter tous les pieges, de parer à toutes les attaques ; mais au moins faut-il convenir qu'il s'est trouvé dans la position la plus embarrassante & la plus critique. Il n'a pas pris, selon moi, le parti qui eut été, tout-à-la-fois, le plus sûr & le plus juste. Après avoir accepté & juré la constitution, c'étoit en la défendant qu'il devoit périr. Mais qui oseroit dire qu'à sa place, voyant les choses de la seule maniere dont il lui étoit possible de les voir, entouré comme il étoit presque impossible qu'il ne le fût pas, aigri par toutes sortes d'outrages, ébranlé par toutes sortes de menaces, provoqué de la maniere la plus audacieuse, qui oseroit dire que dans sa position, il n'auroit pas eu les mêmes torts que lui ? Que ceux, mais que ceux-là seulement, qui auront médité sur ce point, le déclarent *coupable* & non *excusable*.

Quelques foibles que puissent paroître ces considérations, qu'elles suffisent du moins, c'est tout mon objet en ce moment, pour éveiller l'attention sur cette question : *Louis XVI coupable ne seroit-il pas excusable ?* Cette question est devenue de l'es-

---

cher avec justice le plus léger délit contre la constitution, a succombé. Fidele à son serment & ses devoirs, la Roche-foucault a péri sous le fer des assassins.

Tence de nos loix criminelles. Par quelle fatalité a-t-elle été abfolument négligée dans la difcuffion du procès de Louis XVI ? Il me femble que non-feulement elle auroit dû être examinée à la convention nationale ; mais que c'eft fur-tout cette queftion qui doit être propofée aux affemblées primaires.

En derniere analyfe, mon avis feroit qu'après avoir déclaré s'il y a délit, fi Louis XVI eft convaincu du délit, queftions de fait qui, par leur nature & les examens de pieces qu'elles néceffitent, ne me paroiffent pas devoir être renvoyées aux affemblées primaires, la convention peut & doit les confulter fur les queftions fuivantes : *Louis XVI eft-il excufable ? Quelle peine, s'il n'eft pas excufable, doit être prononcée contre lui ? Enfin, le jugement capital fera-t-il ou non exécuté ?*

Ce n'eft pas, je ne puis le diffimuler, que je croye que dans toute l'étendue de la République, les affemblées primaires foient également à même de pefer les raifons de tout genre qui peuvent motiver les avis divers fur des queftions, qui ne font pas abfolument renfermées dans l'ordre du droit naturel, que tout homme peut connoître & fentir; mais qui tiennent, par plufieurs points, au droit pofitif & à l'ordre politique; mais dans une affaite unique dans son genre, & qui par sa nature & par les circonstances, se trouve hors de toute régle connue, on est forcé de recourir au principe de la souveraineté nationale, qui exige, de manière ou d'autre, l'intervention de l'autorité de la nation entière.

Aura-t-on satisfait à ce principe si, après avoir prononcé le jugement, on se contente de le soumettre à la ratification ou à l'infirmation du peuple? Mais un jugement prononcé par la convention nationale, n'entraîneroit-il pas presque invinciblement la majorité des suffrages? On croit pouvoir confirmer, sans un sérieux examen, ce qui a été fait par ceux en qui on a beaucoup de confiance? Et quel courage ne faudra-t-il pas pour s'élever contre un jugement prononcé par la convention, dans une assemblée primaire, pleine du juste respect qu'elle doit avoir pour les représentans du peuple entier? Qu'on propose au contraire des questions : cette forme amene & nécessite une discussion, les esprits s'éclairent, chacun prend une opinion, qui devient la sienne : on peut alors espérer d'avoir réellement un vœu national.

Mais tout ne seroit-il pas concilié, si, en renvoyant les questions ci-dessus posées aux assemblées primaires, la convention nationale disoit au peuple : » Ces questions nous ont paru & par

» leur nature & par leur importance , au-deſſus
» de nos pouvoirs , quelqu'étendus , quelqu'illi-
» mités qu'ils fuſſent : décidez-les dans la pléni-
» tude de votre ſouveraineté , ou chargez-nous
» ſpécialement de les décider nous - mêmes en
» votre nom ; donnez-nous une miſſion expreſſe ;
» donnez-nous une autoriſation formelle pour
» ſtatuer ſur le procès de Louis XVI , & pour
» prononcer ſur ſon ſort & celui de ſa famille. »

Paris , ce 8 *Janvier* 1793 , *l'an ſecond
de la République.*

Chez Cl. SIMON , Imp. de M. l'Évêqui Métrop.
de Paris , rue St-Jacques , Nº. 27. 1793.

203

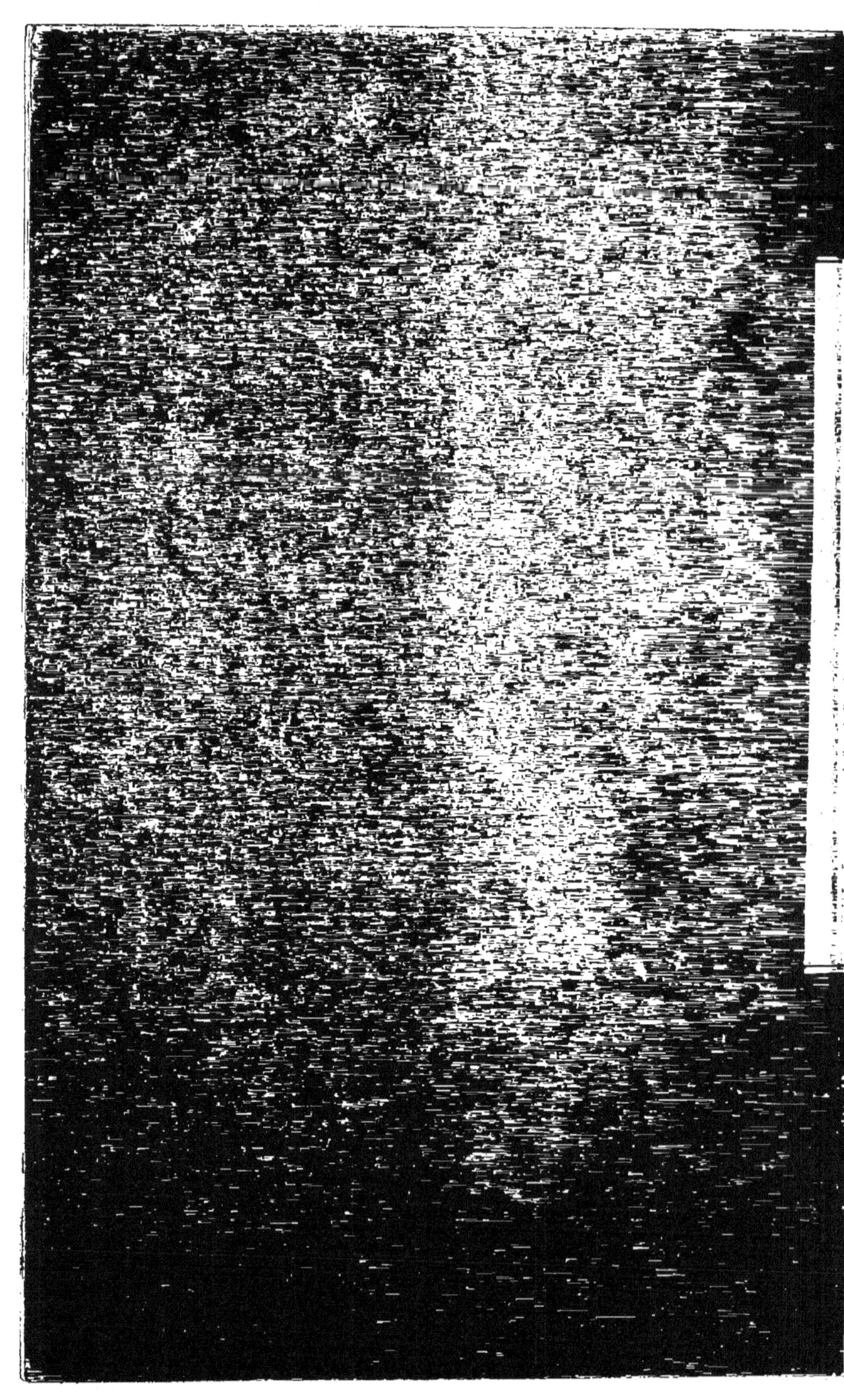